Impressum
Verlag: BABADADA GmbH, Nedderfeld 112 , 22529 Hamburg
Geschäftsführer / Verlagsleitung: Harald Hof
Druck: Books on Demand GmbH, In de Tarpen 42, 22848 Norderstedt

Imprint
Publisher: BABADADA GmbH, Nedderfeld 112 , 22529 Hamburg, Germany
Managing Director / Publishing direction: Harald Hof
Print: Books on Demand GmbH, In de Tarpen 42, 22848 Norderstedt, Germany

kool

اسکول

klassiruum
کمرہ جماعت
jagama
تقسیم کریں
186/2
tahvel
بورڈ
koolihoov
سکول کا صحن
õpetaja
اُستاد
paber
کاغذ
kirjutama
لکھنا
pastapliiats
قلم
kirjutuslaud
میز
joonlaud
پیمانہ
raamat
کتاب
õpilane
شاگرد

koolikott

بستہ

pinal

پینسل کیس

harilik pliiats

پینسل

pliiatsiteritaja

پینسل شارپنر

kustutukumm

ربڑ

joonistusplokk

ڈرائنگ پیڈ

2 kool - اسکول

joonistus

ڈرائنگ

pintsel

پینٹ برش

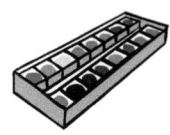

värvikarp

پینٹ باکس

käärid

قینچی

liim

گوند

töövihik

مشق کی کاپی

kodutöö

ہوم ورک

number

ہندسہ

liitma

جمع کریں

lahutama

منفی کریں

korrutama

ضرب دیں

arvutama

شمار کریں

täht

خط

tähestik

حروف تہجی

hello

sõna

لفظ

tekst

متن

lugema

پڑھنا

kriit

چاک

koolitund

سبق

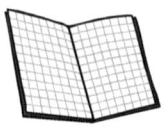

klassipäevik

اندراج

eksam

امتحان

tunnistus

سند

koolivorm

سکول یونیفارم

haridus

تعلیم

entsüklopeedia

انسائیکلوپیڈیا

ülikool

یونیورسٹی

mikroskoop

خورد بین

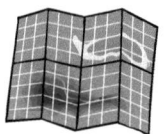

kaart

نقشہ

paberikorv

ویسٹ پیپر باسکٹ

hotell
ہوٹل
hostel
ہاسٹل
valuutavahetuspunkt
رقم تبدیل کرانے کیلئے دفتر
kohver
سوٹ کیس
auto
کار

keel
زبان

jah / ei
ہاں / نہیں

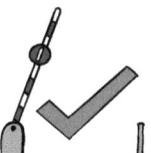

okei
ٹھیک ہے

Tere!
ہیلو

tõlk
مُترجم

Aitäh!
شُکریہ

Kui palju maksab …?

۔۔۔ کی کیا قیمت ہے؟

Ma ei saa aru

میں نہیں سمجھتا

probleem

مشکل

Tere õhtust!

شام بخیر!

Tere hommikust!

صبح بخیر!

Head ööd!

شب بخیر!

Head aega!

الوداع

suund

سمت

pagas

سفری سامان

kott

بیگ

seljakott

بیگ پیک

külaline

مہمان

tuba

کمرہ

magamiskott

سلیپنگ بیگ

telk

ٹینٹ

turismiinfo

سياحوں کے لئے معلومات

rand

ساحل

krediitkaart

کریڈٹ کارڈ

hommikusöök

ناشتہ

lõunasöök

لنچ

õhtusöök

ڈنر

pilet

ٹکٹ

lift

لفٹ

postmark

مُہر

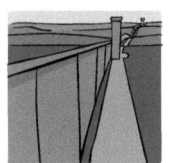

riigipiir

سرحد

toll

کسٹمز

saatkond

سفارت خانہ

viisa

ویزا

pass

پاسپورٹ

transport

نقل وحمل

lennuk
ہوائی جہاز
laev
سمندری جہاز
tuletõrjeauto
آگ بُجھانےوالی گاڑی
buss
بس
veoauto
ٹرک
mootorpaat
موٹربوٹ
jalgratas
سائیکل
auto
کار

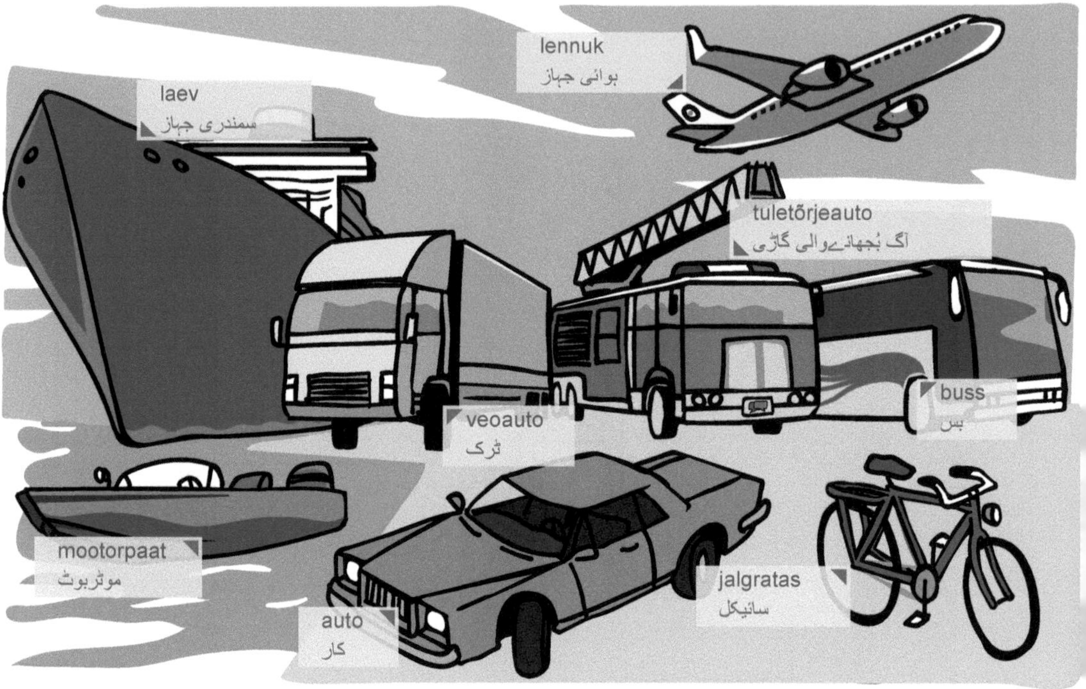

praam

فیری

paat

کشتی

mootorratas

موٹرسائیکل

politseiauto

پولیس کار

võidusõiduauto

ریسنگ کار

rendiauto

کرایہ پرکار

ühisauto

کار کا اشتراک کرنا

puksiirauto

کھینچنے والا ٹرک

prügiauto

کوڑے والا ٹرک

mootor

کار

kütus

ایندھن

tankla

پٹرول اسٹیشن

liiklusmärk

ٹریفک کے نشانات

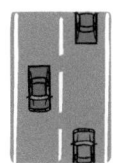

liiklus

ٹریفک

liiklusummik

ٹریفک جام

parkla

کار پارک

raudteejaam

ٹرین اسٹیشن

rööpad

پٹڑیاں

rong

ٹرین

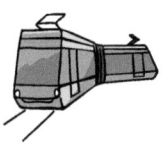

tramm

ٹرام

vagun

ویگن

helikopter

ہیلی کاپٹر

lennujaam

ائرپورٹ

torn

ٹاور

reisija

مسافر

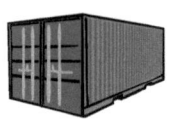

konteiner

کنٹینر

pappkast

ڈبہ

käru

ریڑھا

korv

ٹوکری

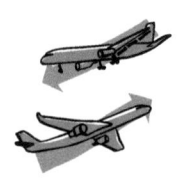

õhku tõusma / maanduma

اُڑان بھرنا / زمین پراُترنا

linn

شہر

küla

گاؤں

kesklinn

سٹی سنٹر

maja

مکان

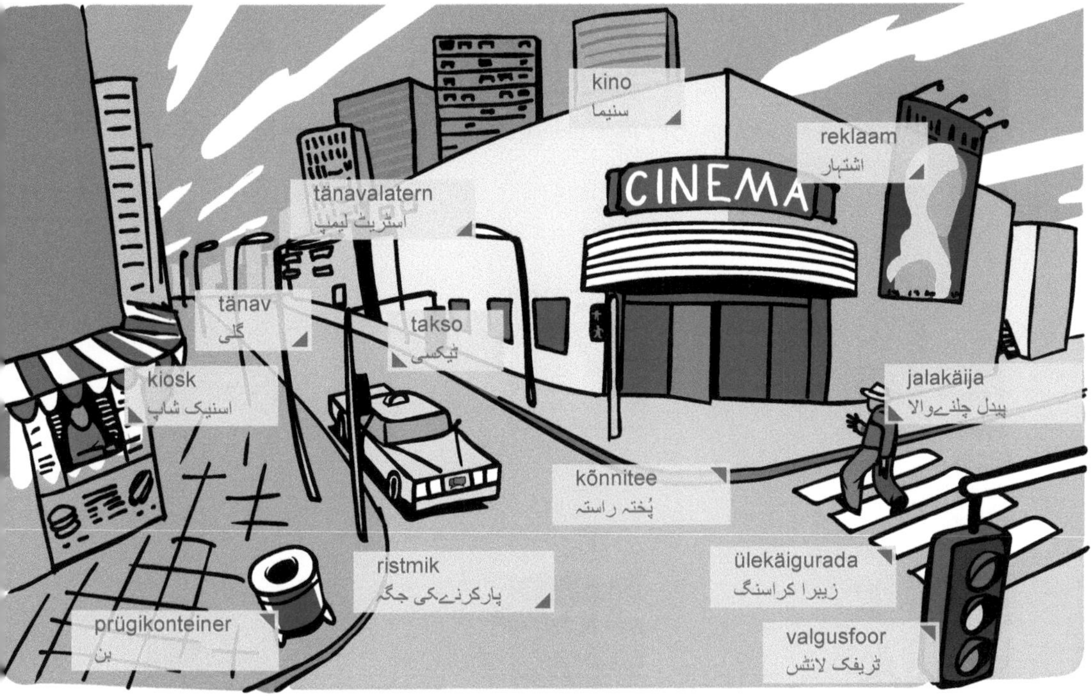

kino
سنیما
reklaam
اشتہار
tänavalatern
اسٹریٹ لیمپ
tänav
گلی
takso
ٹیکسی
kiosk
اسنیک شاپ
jalakäija
پیدل چلنے والا
kõnnitee
پُختہ راستہ
ristmik
پارکرنے کی جگہ
ülekäigurada
زیبرا کراسنگ
prügikonteiner
بن
valgusfoor
ٹریفک لائٹس

osmik

ہٹ

kortermaja

فلیٹ

raudteejaam

ٹرین اسٹیشن

raekoda

ٹاؤن ہال

muuseum

عجائب گھر

kool

اسکول

ülikool

یونیورسٹی

pank

بینک

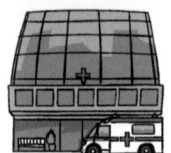

haigla

ہسپتال

hotell

ہوٹل

apteek

فارمیسی

kontor

دفتر

raamatupood

کتابوں کی دکان

kauplus

دکان

lillepood

پھولوں کی دُکان

supermarket

سُپر مارکیٹ

turg

مارکیٹ

kaubamaja

ڈیپارٹمنٹ سٹور

kalapood

مچھلی کی دُکان

kaubanduskeskus

شاپنگ سنٹر

sadam

بندرگاہ

park

پارک

pink

بنچ

sild

پُل

trepp

سیڑھیاں

metroo

انڈرگراؤنڈ

tunnel

سرُنگ

bussipeatus

بس اسٹاپ

baar

شراب خانہ

restoran

ریسٹورنٹ

postkast

پوسٹ باکس

tänavasilt

اسٹریٹ سائن

parkimisautomaat

پارکنگ میٹر

loomaaed

چڑیا گھر

ujula

سوئمنگ پول

mošee

مسجد

talu

کھیت

reostus

آلودگی

surnuaed

قبرستان

kirik

چرچ

mänguväljak

کھیل کا میدان

tempel

مندر

maastik

منظر

leht
پتہ
teeviit
رہنمائی کے لئے لگا ہوا بورڈ
tee
راستہ
aas
سبزہ زار
kivi
پتھر
matkaja
پیدل چلنے والا، ہائکر
puu
درخت
jõgi
دریا
rohi
گھاس
lill
پھول

org

وادی

mägi

پہاڑی

järv

جھیل

mets

جنگل

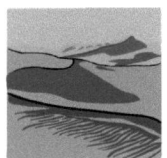

kõrb

صحرا

vulkaan

آتش فشاں

linnus

قلعہ

vikerkaar

قوس قزح

seen

کھمبی

palm

کجھورکا درخت

sääsk

مچھر

kärbes

مکھی

sipelgas

چیونٹی

mesilane

مکھی

ämblik

مکڑا

mardikas

بھونرا

konn

مینڈک

orav

گلہری

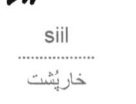

siil

خارپُشت

jänes

خرگوش

öökull

اُلو

lind

پرندہ

luik

راج ہنس

metssiga

سؤر

hirv

ہرن

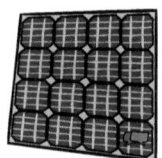

põder

امریکی بارہ سنگھا

pais

ڈیم

tuuleturbiin

ہوا سے چلنے والی ٹربائین

päikesepaneel

سولرپینل

kliima

آب وہوا

restoran
ریسٹورنٹ

kelner
ویٹر
menüü
مینیو
tool
کُرسی
supp
سوپ
pitsa
پیزا
söögiriistad
کٹلری
laudlina
ٹیبل کلاتھ

eelroog

اسٹارٹر

pearoog

مین کورس

magustoit

ڈیزرٹ

joogid

مشروبات

toit

کھانےکی اشیاء

pudel

بوتل

kiirtoit

فاسٹ فوڈ

tänavatoit

اسٹریٹ فوڈ

teekann

چائےدانی

suhkrutoos

شوگرباکس

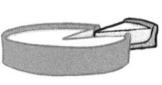

portsjon

حصہ

espressomasin

ایسپریسو مشین

lastetool

اونچی کُرسی

arve

بل

kandik

ٹرے

nuga

چھُری

kahvel

کانٹا

lusikas

چمچ

teelusikas

چائےکا چمچ

salvrätik

سرویئیٹی

klaas

شیشہ

restoran - ریسٹورنٹ

taldrik

پلیٹ

supitaldrik

سوپ پلیٹ

alustass

طشتری

kaste

چٹنی

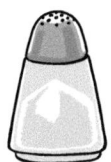

soolatoos

سالٹ شیکر

pipraveski

پیپرمل

äädikas

سرکہ

õli

خوردنی تیل

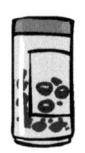

vürtsid

مصالحے

ketšup

کیچپ

sinep

سرسوں

majonees

میئونیز

supermarket
سُپرمارکیٹ

eripakkumine
خصوصی پیشکش
FOR
klient
گاہک
piimatooted
ڈیری
puuviljad
پھل
ostukäru
ٹرالی

lihapood

گوشت کی دُکان

pagariäri

بیکری

kaaluma

وزن کرنا

köögiviljad

سبزیاں

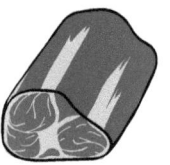

liha

گوشت

külmutatud toit

جما ہوا کھانا

lihalõigud

کولڈ کٹس

konservid

ڈبے میں بند کھانا

pesupulber

واشنگ پاؤڈر

maiustused

مٹھائیاں

majatarbed

گھریلو مصنوعات

puhastustooted

صاف کرنے کیلئے مصنوعات

müüja

سیلز پرسن

kassaaparaat

کیش رجسٹر

kassapidaja

کیشئیر

ostunimekiri

خریداری کی فہرست

lahtiolekuajad

اوقات کار

rahakott

بٹوہ

krediitkaart

کریڈٹ کارڈ

kott

تھیلا

kilekott

پلاسٹک کے تھیلے

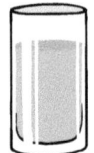

joogid

مشروبات

vesi

پانی

mahl

جوس، رس

piim

دودھ

koola

کوک

vein

وائن

õlu

بیئر

alkohol

الکوحل

kakao

کوکوآ

tee

چائے

kohv

کافی

espresso

ایسپریسو

cappuccino

کیپاچینو

banaan

کیلا

õun

سیب

apelsin

مالٹا

arbuus

خربوزہ

sidrun

لیموں

porgand

گاجر

küüslauk

لہسن

bambus

بانس

sibul

پیاز

seen

کھُمبی

pähklid

اخروٹ، بادام وغیرہ

nuudlid

نوڈلز

spagetid

اسپیگیٹی

riis

چاول

salat

سلاد

friikartulid

چپس

praekartulid

تلے گئے آلو

pitsa

پیزا

hamburger

ہیم برگر

võileib

سینڈوچ

šnitsel

کٹلیٹ

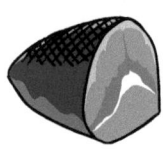

sink

سؤرکی ران کا گوشت

salaami

گوشت کی اطالوی ساسیج

vorst

ساسیج

kana

مُرغی

praeliha

روسٹ

kala

مچھلی

kaerahelbed

جئی کا دلیہ

müsli

میوزلی

maisihelbed

کارن فلیکس

jahu

آٹا

sarvesai

کروئیسنٹ

kukkel

بریڈ رول

leib

بریڈ

röstsai

ٹوسٹ

küpsised

بسکٹ

või

مکھن

kohupiim

دہی

kook

کیک

muna

انڈا

praemuna

فرائی کیا گیا انڈہ

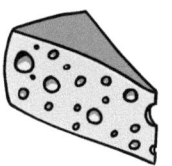

juust

پنیر

jäätis

آئس کریم

suhkur

چینی

mesi

شہد

moos

جام

pähklivõie

ناؤگٹ کریم

karri

سالن

talu

کھیت

talumaja
فارم ہاؤس
laut
کھلیان
heinapall
تنکوں کی گانٹھ
põld
hobune
گھوڑا
järelkäru
ٹریلر
traktor
ٹریکٹر
varss
گھوڑے کا بچہ
eesel
گدھا
lammas
بھیڑ
lambatall
میمنہ

kits

بکری

lehm

گائے

vasikas

بچھڑا

siga

سؤر

põrsas

سؤر کا بچہ

pull

سانڈ

hani

راج ہنس

part

بطخ

tibu

چوزہ

kana

مُرغی

kukk

مُرغا

rott

چوہا

kass

بلی

hiir

چوہا

härg

بیلچہ

koer

کُتا

koerakuut

کُتے کا گھر

aiavoolik

گارڈن ہاؤس

kastekann

پانی کا کین

vikat

درانتی

ader

ہل

sirp

درانتی

kõblas

بیلچہ

hang

ترنگل

kirves

کلہاڑا

käru

ہتہ گاڑی

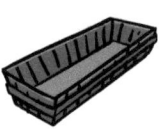

küna

حوض

piimanõu

دودھ کا کین

kott

تھیلا

tara

باڑ

tall

اصطبل

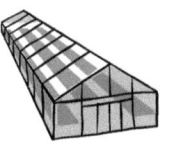

kasvuhoone

گرین ہاؤس

muld

مٹی

seeme

بیج

väetis

فرٹیلائیزر

kombain

کمبائن ہارویسٹر

saaki koristama

فصل کاٹنا

saagikoristus

فصل کاٹنا

jamss

افریقی آلو

nisu

گندم

soja

سویا

kartul

آلو

mais

مکئی

raps

توریا کا تیل

viljapuu

پھلداردرخت

maniokk

کساوا

teravili

دلیہ

maja
مکان

korsten
چمنی
katus
چھت
vihmaveetoru
نیچےجانےوالا پائپ
aken
کھڑکی
garaaž
گیراج
uksekell
دروازےکی گھنٹی
uks
دروازہ
prügikast
کوڑےکی ٹوکری
postkast
لیٹرباکس
aed
گارڈن

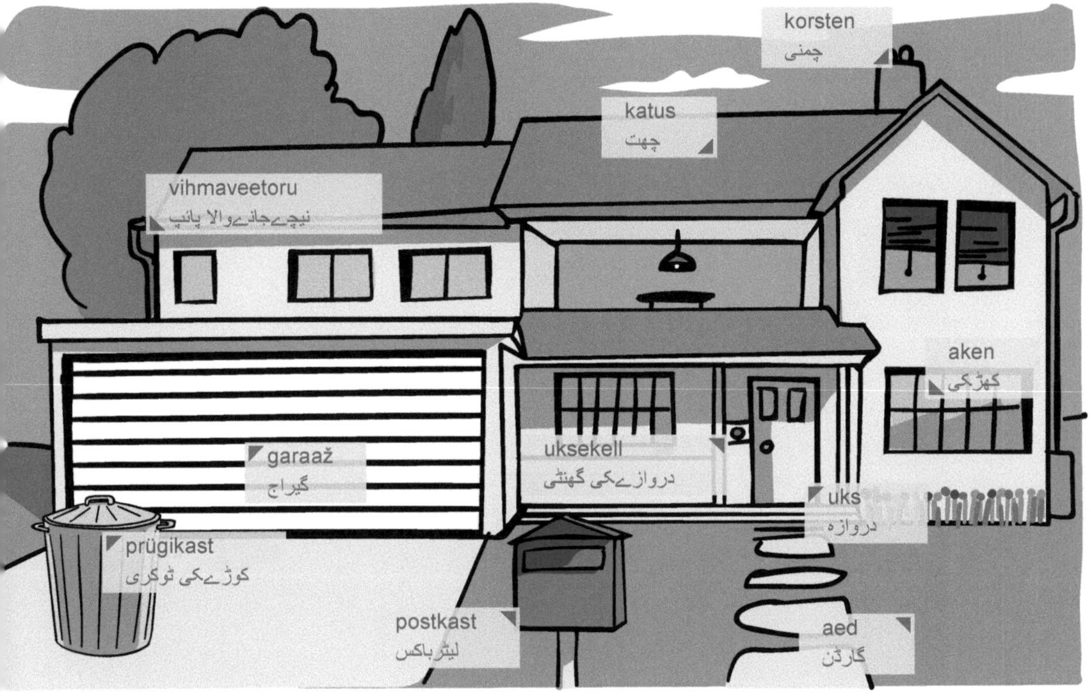

elutuba

لوونگ روم

vannituba

غسل خانہ

köök

باورچی خانہ

magamistuba

بیڈروم

lastetuba

بچوں کا کمرہ

söögituba

کھانےکا کمرہ

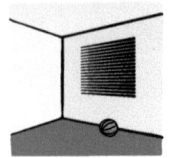

põrand

فرش

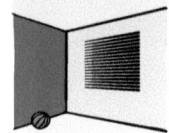

sein

دیوار

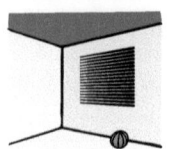

lagi

چھت

kelder

تہ خانہ

saun

سوانا

rõdu

بالکونی

terrass

ٹیریس

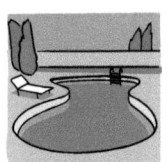

bassein

پول

muruniiduk

گھاس کاٹنے کی مشین

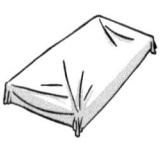

voodilina

چادر

päevatekk

چادر

voodi

بستر

luud

جھاڑو

ämber

بالٹی

lüliti

سوئچ

elutuba
لوونگ روم

tapeet
وال پیپر
pilt
تصویر
lamp
لیمپ
riiul
شیلف
kapp
الماری
televiisor
ٹیلی ویژن
kamin
آتش دان
lill
پھول
padi
diivan
صوفہ
vaas
گلدان
kaugjuhtimispult
ریموٹ کنٹرول

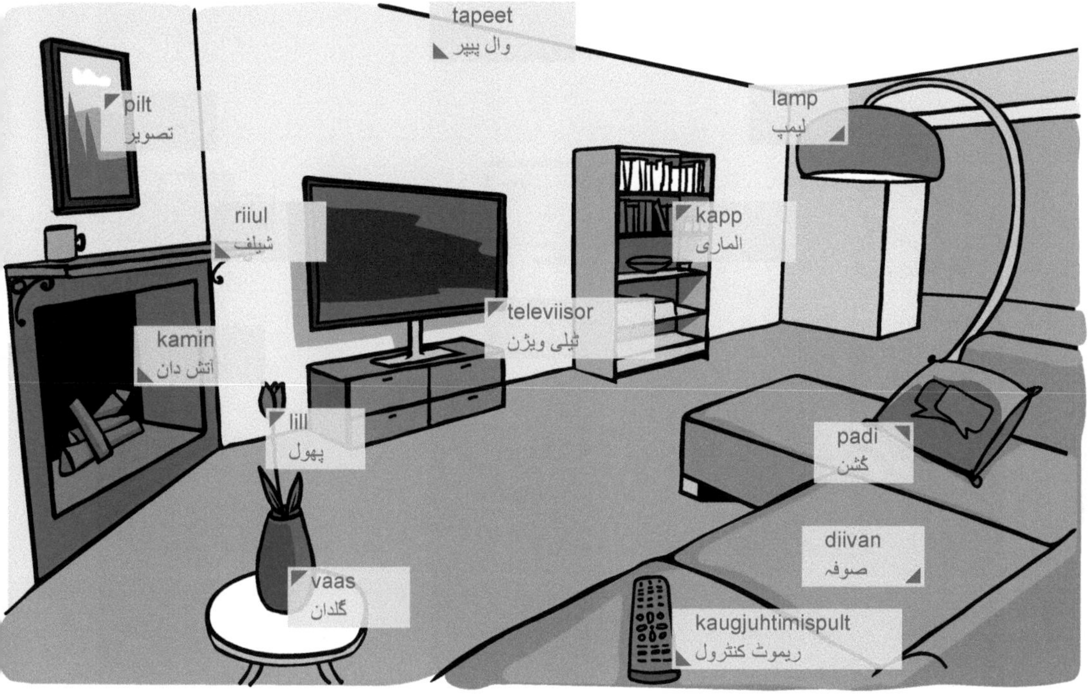

vaip
قالین

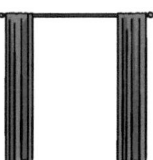

kardin
پردے

laud
میز

tool
کُرسی

kiiktool
ہلنےوالی کُرسی

tugitool
آرام کُرسی

raamat

کتاب

tekk

کمبل

kaunistus

آرائش

küttepuud

جلانےکی لکڑی

film

فلم

helisüsteem

ہائی فائی

võti

چابی

ajaleht

اخبار

maal

پینٹنگ

plakat

پوسٹر

raadio

ریڈیو

märkmik

نوٹ بُک

tolmuimeja

ویکیوم کلینر

kaktus

کیکٹس

küünal

موم بتی

köök

باورچی خانہ

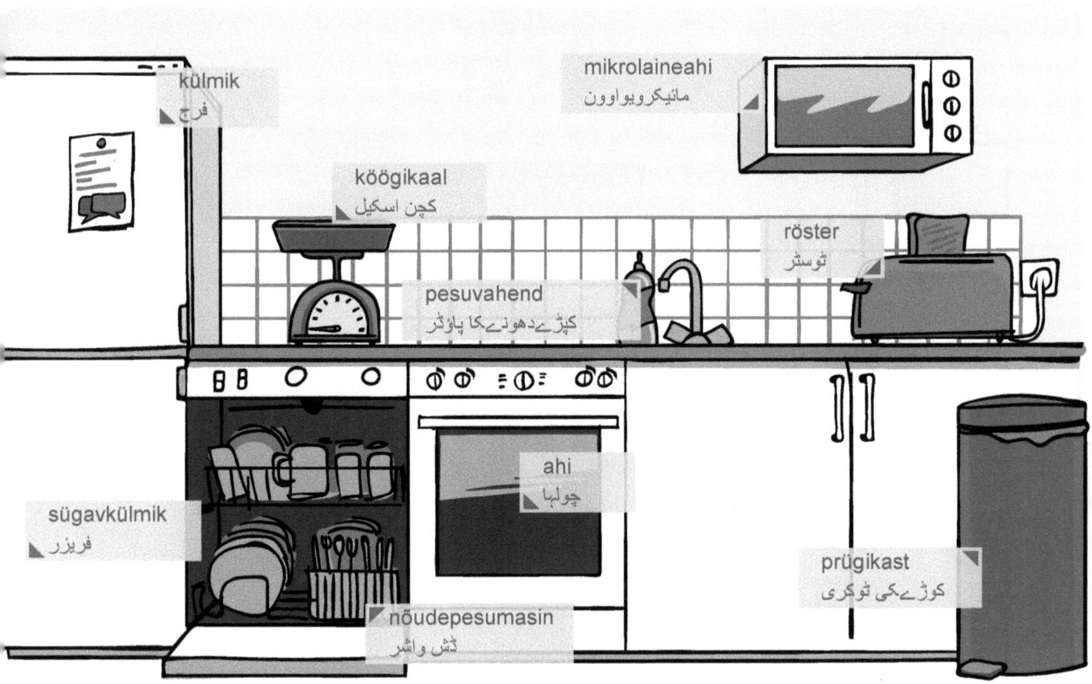

külmik
فرج
mikrolaineahi
مائیکروویو اوون
köögikaal
کچن اسکیل
röster
ٹوسٹر
pesuvahend
کپڑے دھونے کا پاؤڈر
ahi
چولہا
sügavkülmik
فریزر
prügikast
کوڑے کی ٹوکری
nõudepesumasin
ڈش واشر

pliit

ڈکر

pott

برتن

malmpott

لوہے کا برتن

vokkpann

کڑاہی

pann

برتن

veekeetja

کیتلی

aurutaja

اسٹیمر

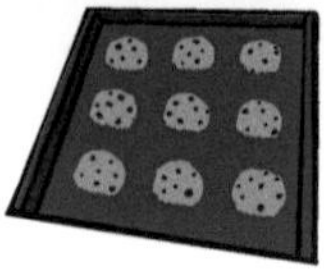

küpsetusplaat

بیکنگ ٹرے

lauanõud

کراکری

kruus

مگ

kauss

پیالہ

söögipulgad

چاپ اسٹکس

kulp

ڈوئی

pannilabidas

کفچہ

vispel

جھاڑودینا

kurn

مقطر

sõel

چھلنی

riiv

گریٹر

uhmer

کونڈی

grill

باربی کیو

lahtine tuli

کھُلی آگ

lõikelaud

چاپنگ بورڈ

tainarull

بیلن

korgitser

کارک اسکریو

konservipurk

کین

konserviavaja

کین اوپنر

pajakinnas

برتن پکڑنےوالا کپڑا

kraanikauss

سنک

hari

برش

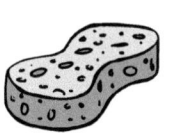

pesukäsn

اسپونج

kannmikser

بلینڈر

sügavkülmuti

ڈیپ فریز

lutipudel

بچےکی بوتل

segisti

ٹونٹی

vannituba

غُسل خانہ

küte
käterätik
تولیہ
mullivann
ببل باتھ
vann
باتھ ٹب
pesumasin
واشنگ مشین
pissipott
پاٹی
plaadid
ٹائلیں
kraanikauss
سنک
segisti
ٹونٹی
klaas
شیشہ
dušš
شاور
dušikardin
شاورکرٹن

WC-pott

ٹائلٹ

kükitamistualett

دوزانوں بیٹھنےوالی ٹائلٹ

bidee

نچلاحصہ دھونےکیلئےپاٹ

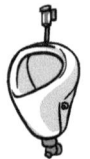

pissuaar

پیشاب گاہ

tualettpaber

ٹائلٹ پیپر

WC-hari

ٹائلٹ برش

hambahari
....
ٹوتہ برش

hambapasta
....
ٹوتہ پیسٹ

hambaniit
....
ڈینٹل فلاس

pesema
....
دھونا

käsidušš
....
ہینڈ شاور

intiimdušš
....
شاور

pesukauss
....
بیسن

seljahari
....
بیک برش

seep
....
صابن

dušigeel
....
شاورجل

šampoon
....
شیمپو

vamm
....
فلالین

äravool
....
ڈرین

kreem
....
کریم

deodorant
....
ڈیوڈورنٹ

peegel

آئینہ

käsipeegel

ہاتھ میں پکڑا جانے والا آئینہ

habemenuga

ریزر

raseerimisvaht

شیونگ فوم

habemevesi

آفٹرشیو

kamm

کنگھی

hari

برش

föön

ہیئر ڈرائر

juukselakk

ہیئر اسپرے

meigikomplekt

میک اپ

huulepulk

لپ اسٹک

küünelakk

نیل وارنش

vatt

روئی

küünekäärid

ناخن کاٹنے کی قینچی

parfüüm

پرفیوم

tualett-tarvete kott

واش بیگ

taburet

پاخانہ

kaal

وزن کرنےکی مشین

hommikumantel

باتہ روب

kummikindad

ربڑکےدستانے

tampoon

ٹیمپون

hügieeniside

سینیٹری ٹاول

keemiline tualett

کیمیکل ٹائلٹ

lastetuba

بچوں کا کمرہ

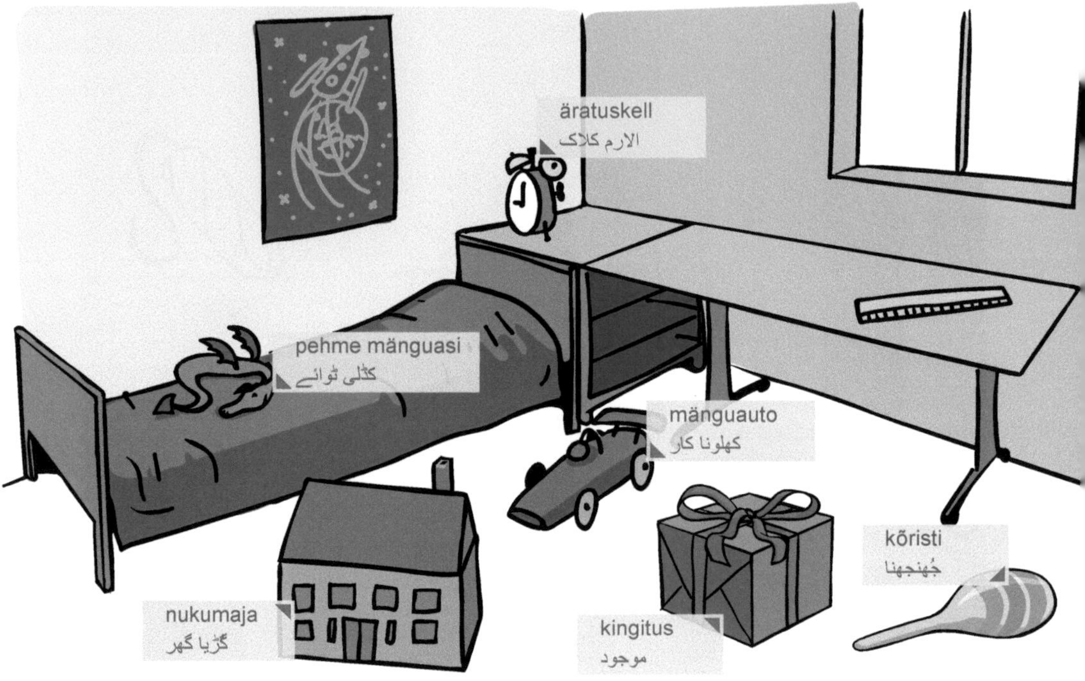

äratuskell
الارم کلاک
pehme mänguasi
کڈلی ٹوائے
mänguauto
کھلونا کار
kõristi
جُھنجھنا
nukumaja
گڑیا گھر
kingitus
موجود

õhupall

غبارہ

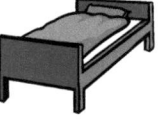

voodi

بستر

lapsevanker

پرام

kaardipakk

ڈیک آف کارڈز

pusle

جگسا

koomiks

کامک

Lego klotsid

لیگوبرکس

klotsid

کھلونا بلاکس

kujuke

ایکشن فگر

siputuspüksid

بچے کا لباس

lendav taldrik

فرسبی

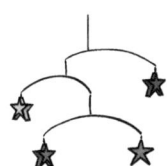

voodikarussell

کھلونا موبائل

lauamäng

بورڈ گیم

täringud

ڈائس

mudelrong

ماڈل ٹرین سیٹ

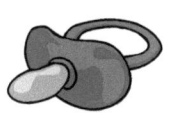

lutt

ڈمی

pidu

پارٹی

pildiraamat

تصاویروالی کتاب

pall

گیند

nukk

گڑیا

mängima

کھیلنا

liivakast

سینڈ پٹ

kiik

جھولا جھولنا

mänguasjad

کھلونے

mängukonsool

وڈیوگیم کنسول

kolmerattaline jalgratas

تین پہیوں والی سائیکل

mängukaru

ٹیڈی بیئر

riidekapp

کپڑوں کی الماری

riietus

لباس

sokid

موزے

sukad

اسٹاکنگز

sukkpüksid

ٹائٹس

sall
اسکارف

vihmavari
چھتری

T-särk
ٹی شرٹ

vöö
بیلٹ

saapad
بوٹ

sussid
سلیپر

tossud
اسنیکرز

sandaalid

سینڈل

jalatsid

جوتے

kummikud

ربڑکےبوٹس

aluspüksid

زیرجامہ

rinnahoidja

بریزئیر

vest

واسکٹ

bodi

جسم

püksid

پتلون

teksapüksid

جينز

seelik

اسکرٹ

pluus

بلاؤز

särk

قميض

sviiter

پُل اوور

dressipluus

سویٹر

bleiser

بليزر

jakk

جيکٹ

mantel

کوٹ

vihmamantel

رین کوٹ

kostüüm

کوئی خاص لباس

kleit

لباس

pulmakleit

شادی کا لباس

ülikond

سوٹ

öösärk

نائٹ گاؤن

pidžaama

پائجامہ

sari

ساڑھی

pearätt

سرپرلیا جانےوالا اسکارف

turban

پگڑی

burka

بُرقع

kaftan

کفتان

abayah

عبایہ

ujumistrikoo

تیراکی کا سوٹ

ujumispüksid

ٹرنک

lühikesed püksid

نیکر

dressid

ٹریک سوٹ

põll

ایرن

kindad

دستانے

nööp

بٹن

prillid

عینک

käevõru

کنگن

kaelakee

ہار

sõrmus

انگوٹھی

kõrvarõngas

کانوں کی بالیاں

nokamüts

ٹوپی

riidepuu

کوٹ ہینگر

kaabu

ہیٹ

lips

ٹائی

tõmblukk

زپ

kiiver

ہیلمٹ

traksid

بریسز

koolivorm

سکول یونیفارم

vormirõivad

وردی

pudipõll

بب

lutt

ڈمی

mähe

نیپی

kontor

دفتر

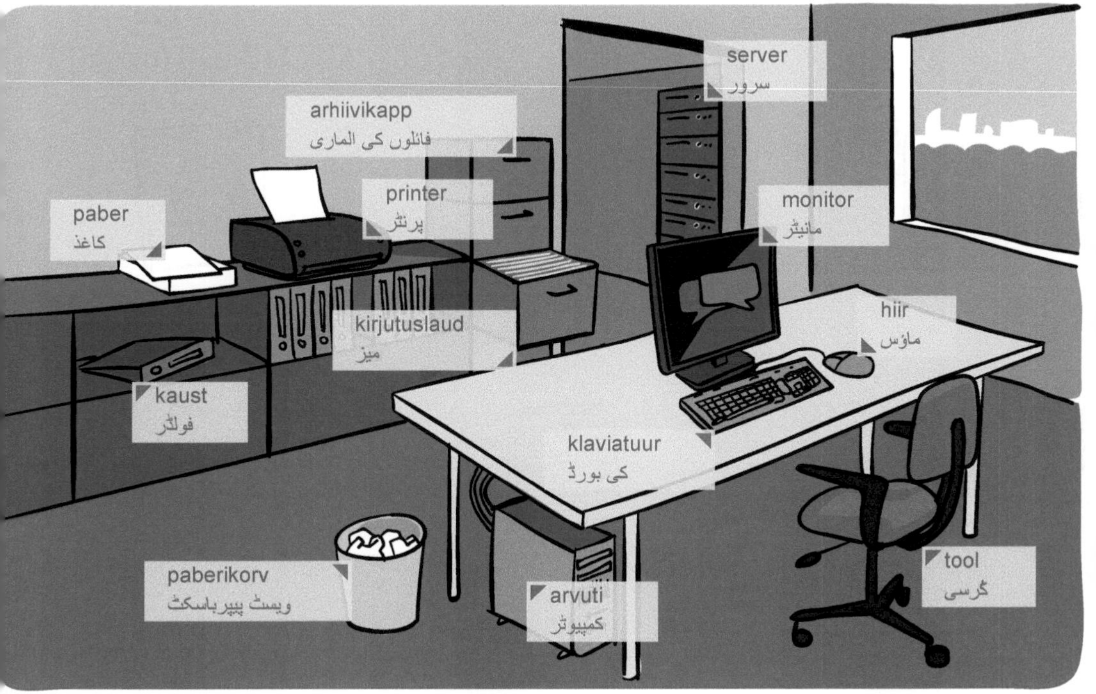

server

سرور

arhiivikapp

فائلوں کی الماری

printer

پرنٹر

paber

کاغذ

monitor

مانیٹر

kirjutuslaud

میز

hiir

ماؤس

kaust

فولڈر

klaviatuur

کی بورڈ

paberikorv

ویسٹ پیپرباسکٹ

arvuti

کمپیوٹر

tool

کرسی

kohvikruus

کافی مگ

kalkulaator

کیلکولیٹر

internet

انٹرنیٹ

sülearvuti

لیپ ٹاپ

kiri

خط

sõnum

پیغام

mobiiltelefon

موبائل

võrk

نیٹ ورک

koopiamasin

فوٹوکاپئیر

tarkvara

سافٹ ویئر

telefon

ٹیلی فون

pistikupesa

پلگ ساکٹ

faksimasin

فیکس مشین

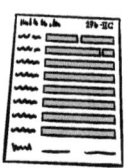

vorm

فارم

dokument

دستاویز

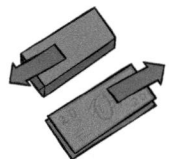

ostma

خریدنا

maksma

ادائیگی کرنا

vahetama

تجارت کرنا

raha

رقم

dollar

ڈالر

euro

یورو

jeen

ین

rubla

روبل

Šveitsi frank

سوئس فرانک

renminbi jüaan

رینمنیبی یوآن

ruupia

روپیہ

sularahaautomaat

کیش پوائنٹ

valuutavahetuspunkt

رقم تبدیل کرانےکیلئےدفتر

kuld

سونا

hõbe

چاندی

nafta

خام تیل

energia

توانائی

hind

قیمت

leping

معاہدہ

maks

ٹیکس

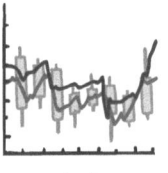

aktsia

اسٹاک

töötama

کام کرنا

töötaja

ملازم

tööandja

آجر

tehas

فیکٹری

kauplus

دکان

politseinik
پولیس افسر
tuletõrjuja
فائرمین
kokk
خانساماں، کُک
arst
ڈاکٹر
piloot
پائلٹ

aednik

مالی

puusepp

ترکھان

õmbleja

درزن

kohtunik

جج

keemik

کیمسٹ

näitleja

اداکار

bussijuht

بس ڈرائیور

taksojuht

ٹیکسی ڈرائیور

kalamees

مچھیرا

koristaja

صفائی کرنےوالی عورت

katusepaigaldaja

چھت بنانےوالا

kelner

ویٹر

jahimees

شکاری

maaler

پینٹر

pagar

بیکر

elektrik

الیکٹریشین

ehitaja

بلڈر

insener

انجینئیر

lihunik

قصائی

torumees

پلمبر

postiljon

ڈاکیا

sõdur

سپاہی

arhitekt

آرکیٹیکٹ

kassapidaja

کیشئیر

lillemüüja

پھول بیچنےوالا

juuksur

نائی

piletikontrolör

کنڈکٹر

mehaanik

مکینک

kapten

کپتان

hambaarst

ڈینٹسٹ

teadlane

سائنسدان

rabi

یہودی عالم

imaam

امام

munk

راہب

preester

پادری

ametid - پیشے

tööriistad
اوزار

haamer
ہتھوڑا
tangid
پلائرز
kruvikeeraja
پیچ کس
mutrivõti
رینچ
taskulamp
ٹارچ

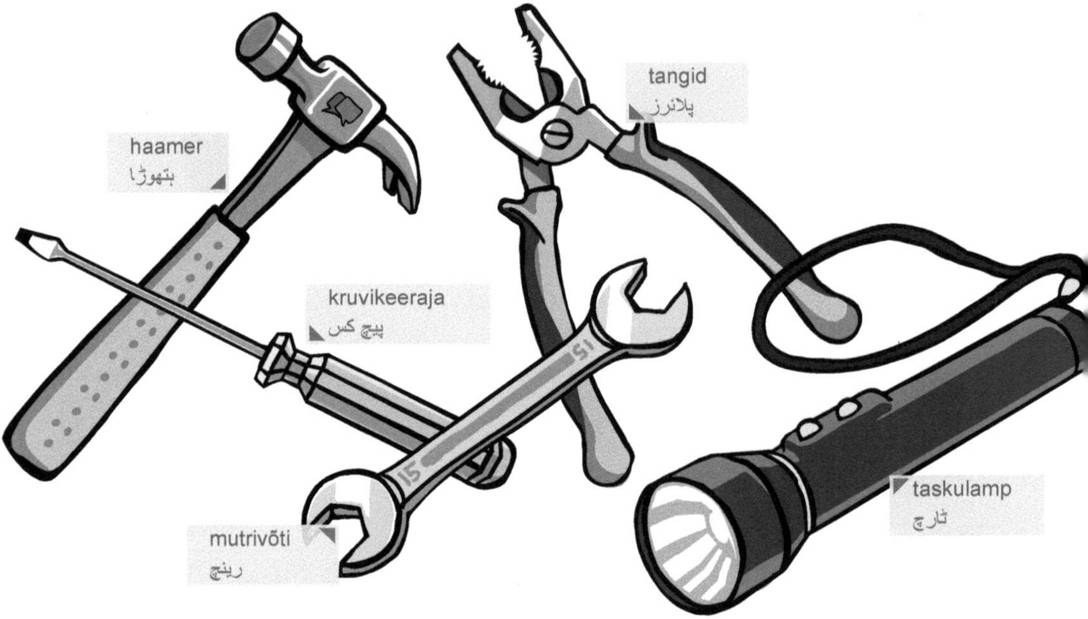

ekskavaator

ایکسکویٹر

tööriistakast

ٹول باکس

redel

سیڑھی

saag

آری

naelad

کیل

trell

ڈرل

parandama

مرمت کرنا

labidas

بیلچہ

Põrgusse!

لعنت ہو!

kühvel

ڈسٹ بین

värvipott

پینٹ پاٹ

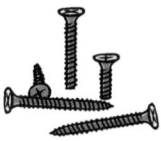

kruvid

پیچ

pillid

آلات موسیقی

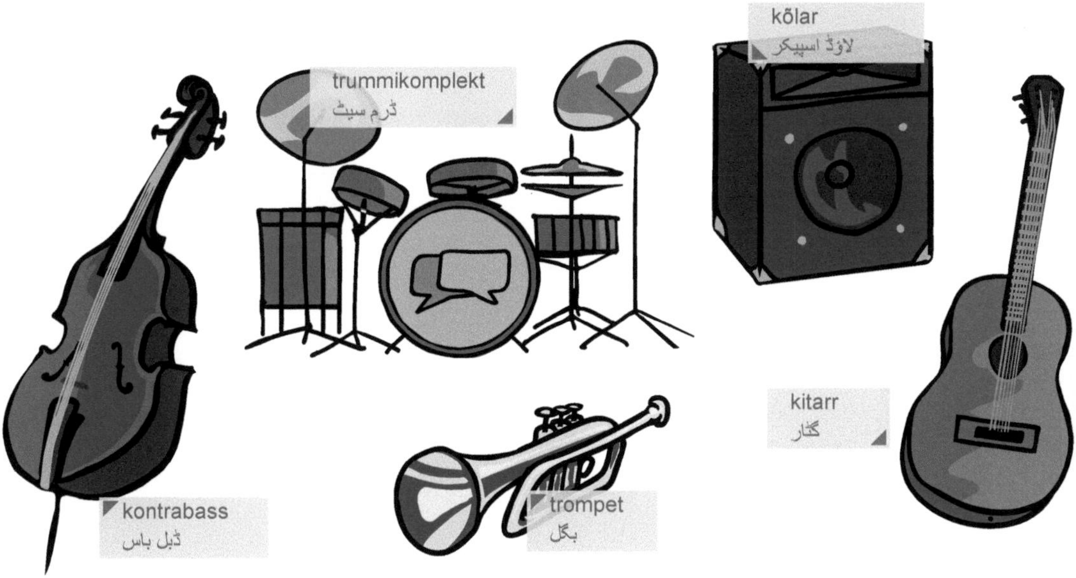

kõlar
لاؤڈ اسپیکر
trummikomplekt
ڈرم سیٹ
kitarr
گٹار
kontrabass
ڈبل باس
trompet
بگل

klaver

پیانو

viiul

وائلن

bass

موسیقی کی آواز

timpan

ٹمپانی

trummid

ڈھول، ڈرمز

süntesaator

کی بورڈ

saksofon

سیکسوفون

flööt

بانسری

mikrofon

مائیکروفون

loomaaed

چڑیا گھر

sissepääs
داخلےکا راستہ
tiiger
چیتا
puur
پنجرہ
sebra
زیبرا
loomasööt
جانوروں کا چارہ
panda
پانڈا

loomad

جانور

elevant

ہاتھی

känguru

کینگرو

ninasarvik

گینڈا

gorilla

گوریلا

karu

ریچھ

kaamel

اونٹ

jaanalind

شُترمُرغ

lõvi

شیر

ahv

بندر

flamingo

فلیمنگو

papagoi

طوطا

jääkaru

قطبی ریچھ

pingviin

کبوتر

hai

شارک

paabulind

مور

madu

سانپ

krokodill

مگرمچھ

loomaaiatalitaja

چڑیا گھر کا محافظ

hüljes

سیل

jaaguar

امریکی تیندوا

poni

ٹٹو

leopard

چیتا

jõehobu

دریائی گھوڑا

kaelkirjak

زرافہ

kotkas

عقاب

metssiga

سؤر

kala

مچھلی

kilpkonn

کچھوا

morsk

سمندری گھوڑا

rebane

لومڑی

gasell

غزال ہرن

sport

کھیلیں

Ameerika jalgpall
امریکن فٹ بال
jalgrattasõit
سائیکلنگ
tennis
ٹینس
korvpall
باسکٹ بال
ujumine
پیراکی
jäähoki
آئس ہاکی
poksimine
باکسنگ

jalgpall

فٹ بال

sulgpall

بیڈمنٹن

kergejõustik

اتھلیٹکس

käsipall

ہینڈ بال

suusatamine

اسکیئنگ

polo

پولو

hüppama
چھلانگ لگانا

kallistama
گلے لگانا

naerma
ہنسنا

jalutama
چلنا

laulma
گانا

palvetama
دُعا کرنا

suudlema
چُومنا

unistama
خواب دیکھنا

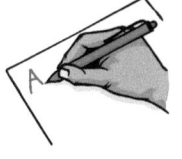

kirjutama
لکھنا

joonistama
تصویرکشی کرنا

näitama
دکھانا

lükkama
آگے کی طرف دھکیلنا

andma
دینا

võtma
لینا

omama

رکھنا

tegema

کرنا

olema

ہونا

seisma

کھڑا ہونا

jooksma

دوڑنا

tõmbama

کھینچنا

viskama

پھینکنا

kukkuma

گرنا

lamama

جھوٹ بولنا

ootama

انتظار کرنا

kandma

اُٹھانا

istuma

بیٹھنا

riidesse panema

ملبوس ہونا

magama

سونا

ärkama

جاگنا

vaatama

دیکھنا

nutma

رونا

paitama

چوٹ لگانا

kammima

کنگھی کرنا

rääkima

بات کرنا

aru saama

سمجھنا

küsima

پوچھنا

kuulama

مُتوجہ ہونا

jooma

پینا

sööma

کھانا

korrastama

صاف کرنا

armastama

پیار کرنا

süüa tegema

پکانا

sõitma

گاڑی چلانا

lendama

اُڑنا

purjetama

بحری سفر کرنا

arvutama

شمار کریں

lugema

پڑھنا

õppima

سیکھنا

töötama

کام کرنا

abielluma

شادی کرنا

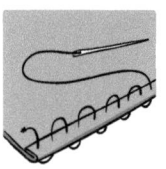

õmblema

سینا

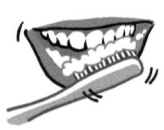

hambaid pesema

دانت صاف کرنا

tapma

جان سے مار دینا

suitsetama

تمباکو نوشی کرنا

saatma

بھیجنا

vanaema
دادی

vanaisa
دادا

isa
باپ

ema
ماں

imik
طفل

tütar
بیٹی

poeg
بیٹا

külaline

مہمان

tädi

چچی

onu

چچا

vend

بھائی

õde

بہن

keha

جسم

otsmik
ماتھا
silm
õlg
کندھا
sõrm
انگلی
nägu
چہرہ
lõug
käsi
jalg
ٹانگ
rind
چھاتی
käsivars
بازو

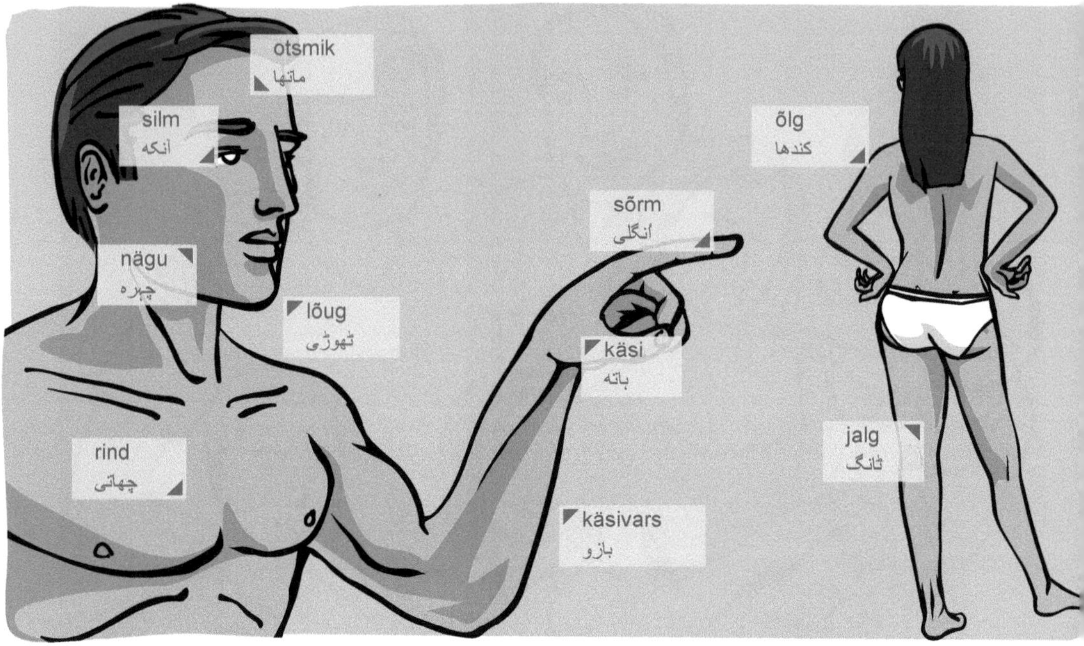

imik

طفل

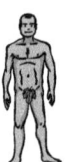

mees

آدمی

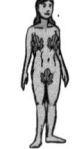

naine

عورت

tüdruk

لڑکی

poiss

لڑکا

pea

سر

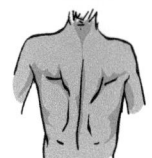

selg

کمر

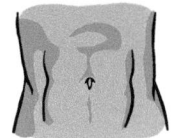

kõht

پیٹ

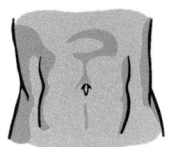

naba

ناف

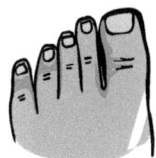

varvas

پاؤں کا انگوٹھا

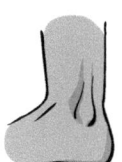

kand

ایڑھی

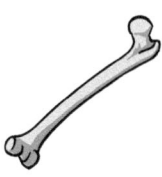

luu

ہڈی

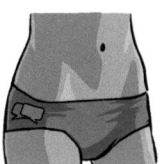

puus

کولہا

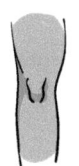

põlv

گھٹنا

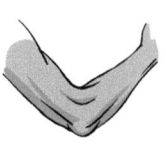

küünarnukk

کہنی

nina

ناک

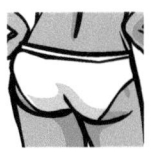

tagumik

نچلا حصہ

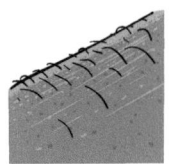

nahk

جلد

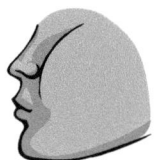

põsk

گال

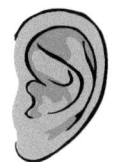

kõrv

کار

huuled

ہونٹ

suu

مُنہ

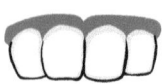

hammas

دانت

keel

زُبان

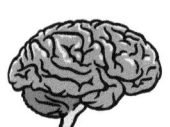

aju

دماغ

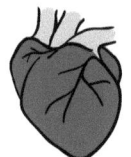

süda

دل

lihas

پٹھہ

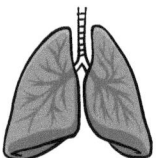

kops

پھیپھڑا

maks

جگر

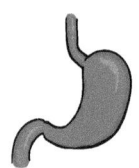

magu

معدہ

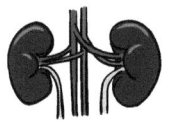

neerud

گردے

seksuaalvahekord

جنس

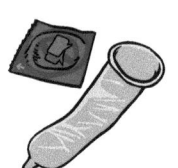

kondoom

کنڈوم

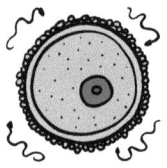

munarakk

بیضہ

sperma

مادہ منویہ

rasedus

حمل

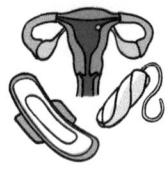

menstruatsioon

حیض

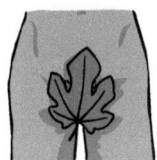

vagiina

اندام نهانی

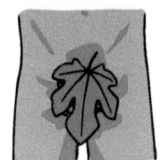

peenis

عضوتناسل

kulm

بهنوین

juuksed

بال

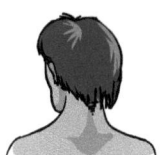

kael

گردن

haigla

هسپتال

kiirabi
ایمبولینس
ratastool
وہیل چیئر
luumurd
ہڈی ٹوٹنا

arst
ڈاکٹر

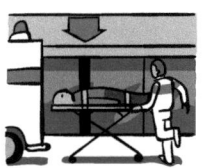

traumapunkt
ہنگامی کمرہ

meditsiiniõde
نرس

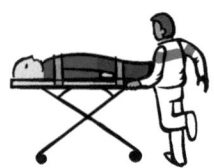

hädaolukord
ہنگامی صورتحال

teadvuseta
بےہوش

valu
درد

vigastus

زخم

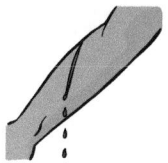

verejooks

خون بہنا

südamerabandus

دل کا دورہ

insult

فالج

allergia

الرجی

köha

کھانسی

palavik

بخار

gripp

زکام

kõhulahtisus

اسہال

peavalu

سردرد

vähk

کینسر

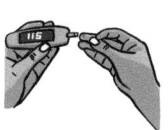

diabeet

ذیابیطس

kirurg

سرجن

skalpell

نشتر

operatsioon

آپریشن

KT

سی ٹی

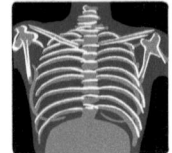

röntgen

ایکس رے

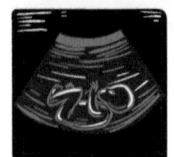

ultraheli

الٹراساؤنڈ

mask

چہرے کا نقاب

haigus

بیماری

ooteruum

انتظارگاہ

kark

بیساکھی

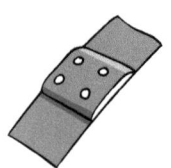

kips

پلاسٹر

side

پٹی

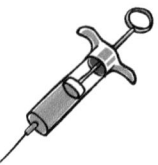

süst

انجکشن

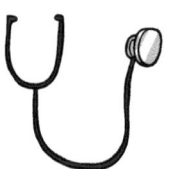

stetoskoop

اسٹیتھواسکوپ

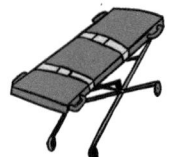

kanderaam

اسٹریچر

kraadiklaas

مطبی تھرما میٹر

sünd

پیدائش

ülekaaluline

حد سےزیادہ وزن

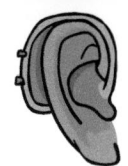

kuuldeaparaat

آلہ سماعت

desinfektsioonivahend

جراثیم کش

põletik

انفیکشن

viirus

وائرس

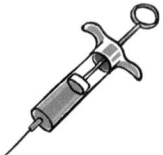

HIV / AIDS

ایچ آئی وی/ ایڈز

meditsiin

دوا

vaktsineerimine

ویکسی نیشن

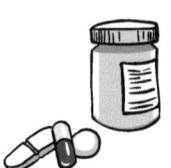

tabletid

گولیاں

pill

گولی

hädaabikõne

ہنگامی کال

vererõhuaparaat

بلڈ پریشر مانیٹر

haige / terve

بیمار/ صحتمند

hädaolukord

ہنگامی صورتحال

Appi!

مدد!

häire

الارم

kallaletung

مُجرمانہ حملہ

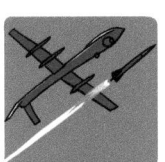

rünnak

حملہ

oht

خطرہ

avariiväljapääs

ہنگامی راستہ

Tulekahju!

آگ!

tulekustuti

آگ بُجھانےوالہ آلہ

õnnetus

حادثہ

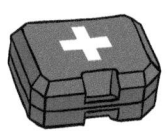

esmaabikomplekt

ابتدائی طبی امداد کی کٹ

SOS

ایس او ایس

politsei

پولیس

Euroopa
یورپ

Põhja-Ameerika
شمالی امریکہ

Lõuna-Ameerika
جنوبی امریکہ

Aafrika
افریقہ

Aasia
ایشیا

Austraalia
آسٹریلیا

Atlandi ookean
بحراوقیانوس

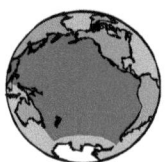

Vaikne ookean
بحرالکاہل

India ookean
بحرہند

Lõuna-Jäämeri
بحرقُطب جنوبی

Põhja-Jäämeri
بحرقُطب شمالی

põhjapoolus
قُطب شمالی

lõunapoolus

قُطب جنوبی

Antarktika

انٹارکٹیکا

Maa

زمین

maismaa

زمین

meri

سمندر

saar

جزیره

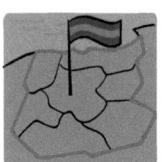

rahvus

قوم

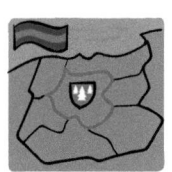

riik

ریاست

sihverplaat

....

کلاک کا سامنےکا حصہ

tunniosuti

....

گھنٹوں والی سوئی

minutiosuti

....

منٹوں والی سوئی

sekundiosuti

....

سیکنڈ ہینڈ

Mis kell on?

....

کیا وقت ہوا ہے؟

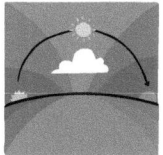

päev

....

دن

aeg

....

وقت

praegu

....

اب

digitaalne kell

....

ڈیجیٹل گھڑی

minut

....

منٹ

tund

....

گھنٹہ

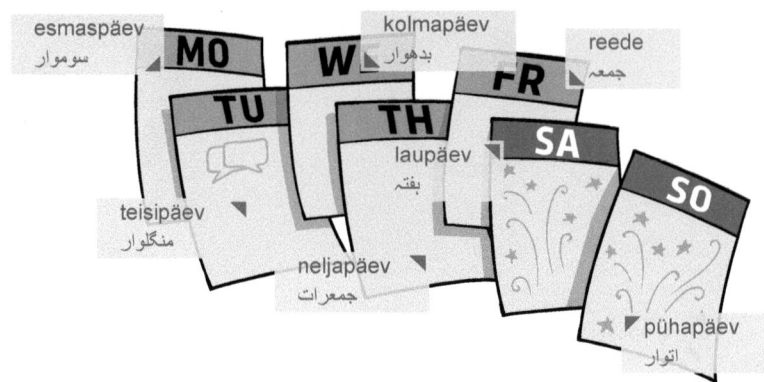

esmaspäev
سوموار

kolmapäev
بدھوار

reede
جمعہ

teisipäev
منگلوار

laupäev
هفته

neljapäev
جمعرات

pühapäev
اتوار

eile

گزرا کل

täna

آج

homme

کل

hommik

صبح

lõuna

دوپہر

õhtu

شام

MO	TU	WE	TH	FR	SA	SU
1	2	3	4	5	6	7
8	9	10	11	12	13	14
15	16	17	18	19	20	21
22	23	24	25	26	27	28
29	30	31	1	2	3	4

tööpäevad

کاروباری دن

MO	TU	WE	TH	FR	SA	SU
1	2	3	4	5	6	7
8	9	10	11	12	13	14
15	16	17	18	19	20	21
22	23	24	25	26	27	28
29	30	31	1	2	3	4

nädalavahetus

ہفتے کا اختتام

vihm
بارش
vikerkaar
قوس قزح
lumi
برف
tuul
ہوا
kevad
بہار
sügis
خزاں
suvi
موسم گرما
talv
موسم سرما

4.APRIL 11°
5.APRIL 4°
6.APRIL 13°
7.APRIL 8°
8.APRIL 10°

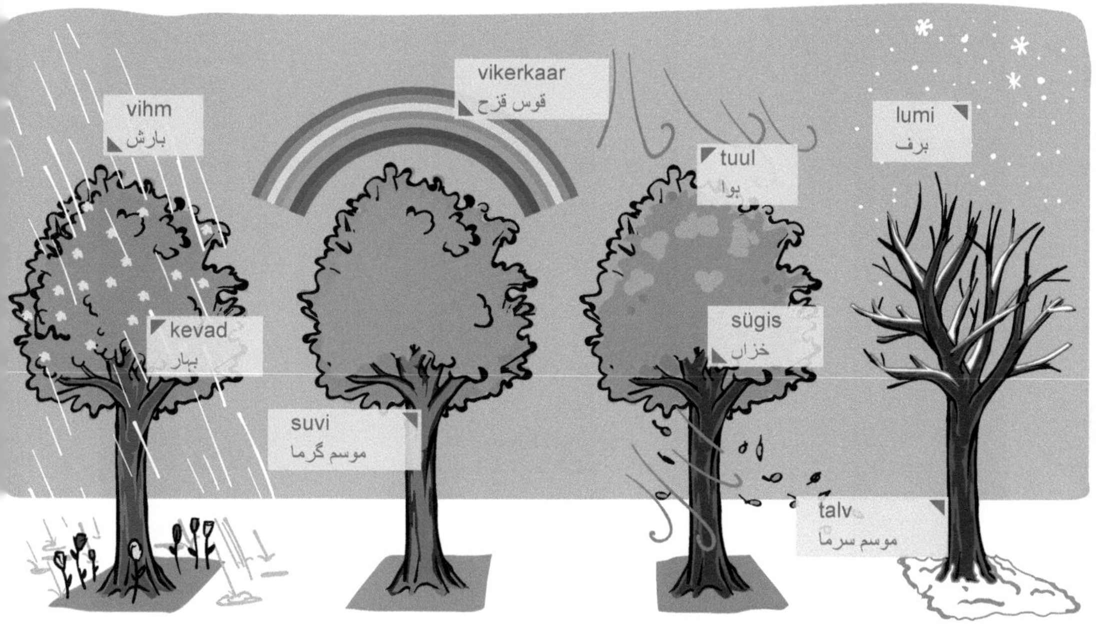

ilmaennustus
موسمی پیش گوئی

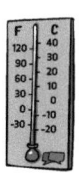

0
10
0
-10

termomeeter
تھرما میٹر

päikesepaiste
دھوپ

pilv
بادل

udu
دُھند

niiskus
حبس

pikne

بجلی کوندھنا

kõu

بادلوں کی گرج

torm

طوفان

rahe

ژالہ باری

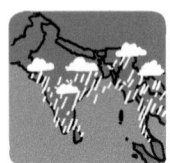

mussoon

مون سون

üleujutus

سیلاب

jää

برف

jaanuar

جنوری

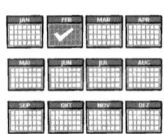

veebruar

فروری

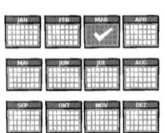

märts

مارچ

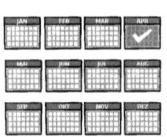

aprill

اپریل

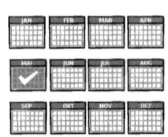

mai

مئی

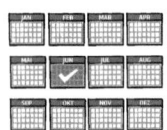

juuni

جون

juuli

جولائی

august

اگست

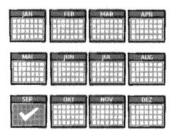

september

ستمبر

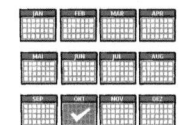

oktoober

اكتوبر

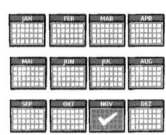

november

نومبر

detsember

دسمبر

kujundid

اشكال

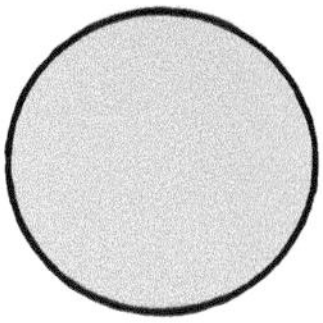

ring

دائره

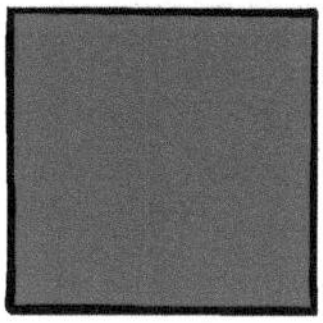

ruut

چوكور

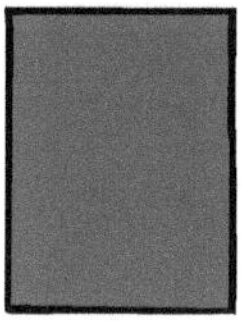

nelinurk

مُستطيل

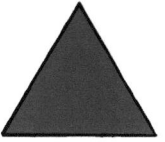

kolmnurk

تكون

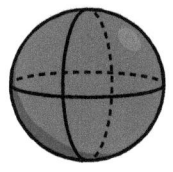

kera

گره

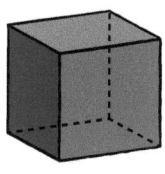

kuup

مكعب

värvid
رنگ

valge

سفید

kollane

پیلا

oranž

نارنجی

roosa

گلابی

punane

سُرخ

lilla

جامنی

sinine

نیلا

roheline

سبز

pruun

بھورا

hall

مٹیالا

must

سیاہ

palju / vähe

بہت زیادہ / بہت کم

vihane / rahulik

ناراض / پُرسکون

ilus / inetu

خوبصورت / بدصورت

algus / lõpp

آغاز / اختتام

suur / väike

بڑا / چھوٹا

hele / tume

روشن / اندھیرا

vend / õde

بھائی / بہن

puhas / must

صاف / گندا

täielik / puudulik

مکمل / نامکمل

päev / öö

دن / رات

surnud / elus

زندہ / مُردہ

lai / kitsas

چوڑا / تنگ

söödav / mittesöödav

کھانے کے قابل ہونا / کھانے کے قابل نہ ہونا

kuri / sõbralik

بُرا / اچھا

põnevil / tüdinud

پُرجوش / بوریت کا شکار

paks / peenike

موٹا / دُبلا

esimene / viimane

پہلا / آخری

sõber / vaenlane

دوست / دُشمن

täis / tühi

بھرا ہوا / خالی

kõva / pehme

سخت / نرم

raske / kerge

بوجھل / ہلکا

nälg / janu

بھوک / پیاس

haige / terve

بیمار / صحتمند

ebaseaduslik / seaduslik

غیر قانونی / قانونی

tark / rumal

عقلمند / بیوقوف

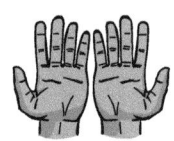

vasak / parem

بائیں / دائیں

lähedal / kaugel

نزدیک / دور

uus / kasutatud

نیا / پُرانا

mitte midagi / midagi

کچھ نہیں / کچھ ہے

vana / noor

بوڑھا / نوجوان

sees / väljas

آن / آف

lahti / kinni

کُھلا / بند

vaikne / vali

خاموش / بُلند آواز

rikas / vaene

امیر / غریب

õige / vale

ٹھیک / غلط

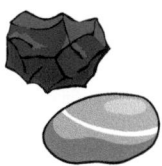

kare / sile

کھُردرا / ہموار

kurb / rõõmus

افسردہ / خوش

lühike / pikk

مُختصر / طویل

aeglane / kiire

آہستہ / تیز

märg / kuiv

گیلا / خُشک

soe / jahe

گرم / ٹھنڈا

sõda / rahu

جنگ / امن

0	1	2
null	üks	kaks
صفر	ایک	دو
3	4	5
kolm	neli	viis
تین	چار	پانچ
6	7	8
kuus	seitse	kaheksa
چھ	سات	آٹھ
9	10	11
üheksa	kümme	üksteist
نو	دس	گیارہ

12

kaksteist

باره

13

kolmteist

تیره

14

neliteist

چوده

15

viisteist

پندره

16

kuusteist

سولہ

17

seitseteist

ستره

18

kaheksateist

اٹھاره

19

üheksateist

اُنیس

20

kakskümmend

بیس

100

sada

سو

1.000

tuhat

ہزار

1.000.000

miljon

دس لاکھ

keeled

زبانیں

inglise

انگریزی

Ameerika inglise

امریکی انگریزی

mandariini

چینی مینڈارین

hindi

ہندی

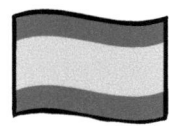

hispaania

ہسپانوی

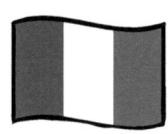

prantsuse

فرانسیسی

araabia

عربی

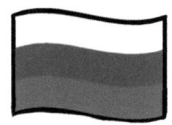

vene

روسی

portugali

پُرتگالی

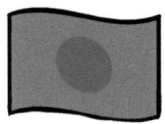

bengali

بنگالی

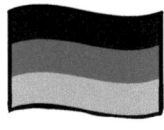

saksa

جرمن

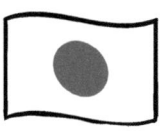

jaapani

جاپانی

kes / mis / kuidas

کون / کیا / کیسے

mina

میں

sina

تم

tema

وہ (لڑکا) / وہ (لڑکی) / یہ

meie

ہم

teie

تم

nemad

وہ

kes?

کون؟

mis?

کیا؟

kuidas?

کیسے؟

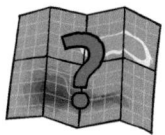

kus?

کہاں؟

millal?

کب؟

nimi

نام

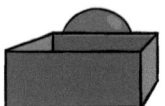

kus

کہاں

taga

پیچھے

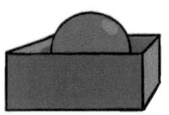

sees

میں

ees

کے سامنے

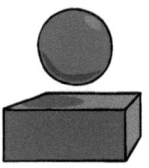

kohal

اوپر

peal

پر

all

نیچے

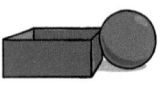

kõrval

ساتھ

vahel

درمیان

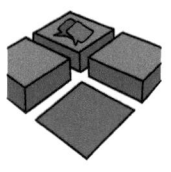

koht

جگہ